古代エジプトから
現代の超高層ビル、
未来の火星基地まで

著 エドゥアルド・アルタルリバ
ベルタ・バルディ・イ・ミラ
訳 伊藤史織
監修 中島智章

絵でわかる建物の歴史

DISCOVERING ARCHITECTURE

X-Knowledge

もくじ

マークの意味

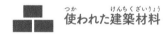 建設事業が行われた年　　使われた建築材料

 設計した人物

 建築物の用途

謝辞
エドゥアルド本書の出版に力を貸してくださった皆さまに感謝いたします。本書の制作や他の活動を常に助けてくれたメリ、いつもそばで支えてくれたアリアドナとペレとローデス、カタルーニャ工科大学出版会のジョルディ・プラット、GMCパブリケーション社の皆さまにも感謝申し上げます。
ベルタ両親と3人のきょうだい、母親になる夢をかなえさせてくれたヒネスタとマイオル、たくさんの瞬間をともにしてくれたジョアンとマリアなど、家族と友人たちに本書をささげます。わたしをやさしく信じてくれたエドゥアルド、学びと成長への意欲をあたえてくださった教授陣、わたし自身よりもわたしのことを信じてくれたフェリックス、そしてだれよりも、情熱と審美眼、限りないエネルギーを持ち合わせたダニエルに感謝いたします。

はじめに

人々は大昔から、悪天候や肉食動物から身を守るための場所やシェルターを作ってきました。原始時代のシェルターには、木の枝、葉っぱ、動物の皮など、手に入るものは何でも使われていました。地面に穴を掘って小屋を作ったり、洞窟を利用したりする人もいました。そんな簡単な作りのシェルターは、時が経つとともに家へと形を変えます。そしてそれが、世界のさまざまな場所に住む、さまざまな集団の重要な文化のひとつになっていきました。

太古の住まいは、その後まもなく集落や村へと発展します。集落のあり方や建築は、家族が住む家だけにとどまらず、集団としての暮らしを意識するようになります。そして、神殿や公衆浴場など、集団全体のための建築物を建てるようになりました。道路、広場、市場など、みんなが利用する場所をどのように整えるかも考えるようになります。それ以来、小さな集団も大きな集団も、人は建築物に囲まれて暮らしてきました。

この本では、人々が建築物の建設に取り組んできた歴史を旅します。今日、わたしたちが目にする建築物は、家や神殿、城、超高層ビル、宮殿を建ててきた過去の建築家たちの活動の結果です。現代の建築家はその歴史から学びながら、新しいアイデアや考え方を生みだすことができます。そうして世界を知ることで、より良い、より暮らしやすい世界に変えていくことができるのです。

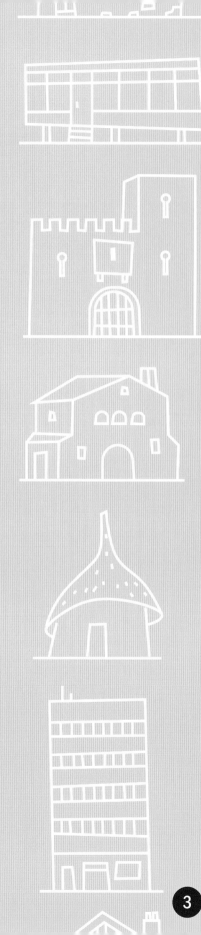

ピラミッド

🕐 紀元前2630年ごろ　◐ 不明　🧱 日干しれんが、石　🏛 ファラオたちの墓

エジプトのピラミッドは、世界でも特に見事な記念碑的建造物のひとつです。**ファラオ**とよばれる古代エジプト王の死に際し、彼らの墓としてピラミッドが建てられました。建設には何千人もの作業員が携わっています。建設方法はシンプルかつ正確で、数学的でした。そのうえ多くの謎にも包まれています。

古代エジプト人はファラオが死ぬと「不死の神」になると信じていました。そのファラオの遺体を守るために、ピラミッドは造られました。ピラミッドはどれも、エジプト人が敬ってやまない王の遺体を安置する場所なのです。遺体は保存のために**ミイラ**にしてピラミッド内の部屋に置かれ、その部屋は永久に閉ざされました。

死後の世界

古代エジプト人は、死後の世界を信じていました。その考え方は、エジプト人の生き方や死に方にも影響をあたえています。建築家たちは、死後のファラオをまつり、ファラオの永遠の住まいとなるピラミッドを設計しました。人々は全力をそそぎ、最高の材料を使って、自分たちのファラオのため、儀式や死後の世界のためにピラミッドを建てました。

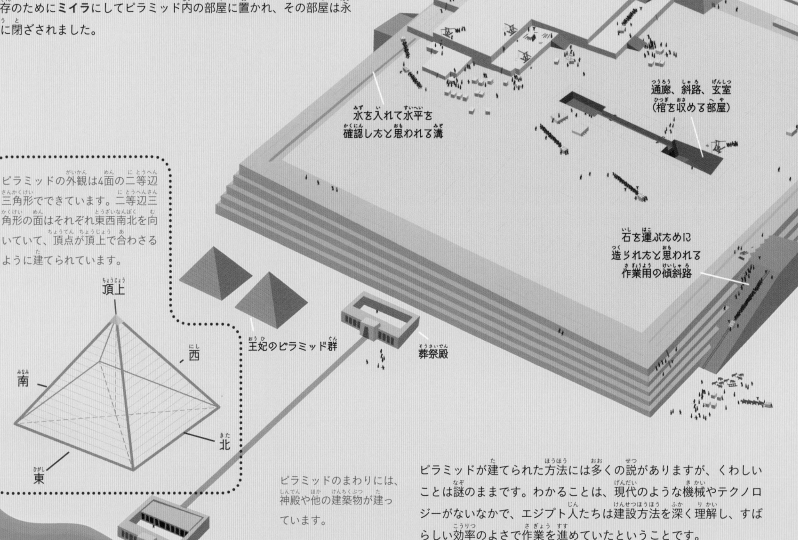

周壁

通廊、斜路、玄室
（棺を収める部屋）

水を入れて水平を
確認したと思われる溝

石を運ぶために
造られたと思われる
作業用の傾斜路

ピラミッドの外観は4面の二等辺三角形でできています。二等辺三角形の面はそれぞれ東西南北を向いていて、頂点が頂上で合わさるように建てられています。

頂上

西

南

北

東

王妃のピラミッド群

葬祭殿

ピラミッドのまわりには、神殿や他の建築物が建っています。

ピラミッドが建てられた方法には多くの説がありますが、くわしいことは謎のままです。わかることは、現代のような機械やテクノロジーがないなかで、エジプト人たちは建設方法を深く理解し、すばらしい効率のよさで作業を進めていたということです。

ミイラ製作の儀式

石のブロックには、現地付近で切り出されたもの、ナイル川を使って遠くから運ばれたものがありました。

作業員の村

作業員たちは、ソリを使って石切り場から石を運んだと言われています。ソリを動かしやすいように、地面の砂に水をかけながら作業をしたと思われます。

神々と墓と神殿

太古の文明の人々は、木、石、泥など身近なものを使って建築物を建てていました。たとえば、5千年以上前にチグリス川とユーフラテス川の周辺に住んでいたメソポタミア人は、泥を使ってれんがを作り、町や都市を作っていきました。

太古の人々にとって、宗教はとても大切なものでした。宗教施設はどんどん大きくなり、石などの長持ちする材料を使うようになりました。

ジッグラトやピラミッドなどは、神々に近づきたい一心で空高く建てられた建造物です。今も残っているものもあり、建設を命じた王やファラオの力を感じられます。

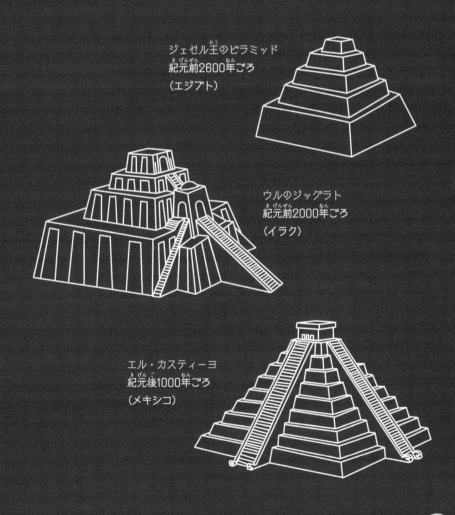

ジェセル王のピラミッド
紀元前2600年ごろ
（エジプト）

ウルのジッグラト
紀元前2000年ごろ
（イラク）

エル・カスティーヨ
紀元後1000年ごろ
（メキシコ）

古代ギリシャ

⚙ 柱と横架材の建築

梁、桁などの横架材と柱で骨組みを作るのが、構造物を建てる最も単純な方法です。鉛直方向（水平面に対して垂直な向き）に立てた柱の上に、水平にした木材を置きます。この木材を横架材と呼びます。横架材にかかる重力の力を利用した構造のため、モルタル（セメントに砂を混ぜたもの）は使いません。

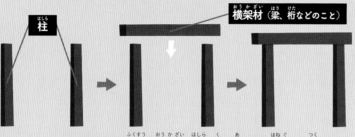

柱　**横架材（梁、桁などのこと）**

複数の横架材と柱を組み合わせて骨組みを作ります。

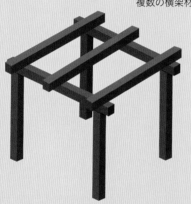

横架材は壁の重さを支えられるため、ドアや窓にも利用することができます（この場合は楣といいます）。

荷重

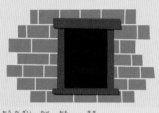

最も大きな重力がかかるのは横架材の中央です。柱同士が離れすぎていたり、骨組みにかかる重さが大きすぎたりすると、ゆがみや崩壊の原因になります。

まず、材料が耐えられる重さの計算が必要です。

木造神殿をまねた建築

古代ギリシャの神殿の建設には、最初は木を使っていました。その後、石で横架材を作るようになってからも、それまでの木造神殿をまねて建てていました。

トリグリフ　縦の溝が彫られた石

メトープ　トリグリフにはさまれた正方形の小壁

木造　石造

パルテノン神殿
アテネ（ギリシャ）

| 🕐 紀元前447〜432年 | ⬤ フェイディアス、イクティノス、カリクラテス | 🧱 大理石 | 🏛 神殿 |

パルテノン神殿はドリス式の建築様式で知られる建築物です。アテネの、「高い都市」を意味するアクロポリスといわれる神域の、最も高い場所に建てられました。知恵と戦いの女神アテナをまつるための神殿です。

建てられた当時、アテネは古代ギリシャの芸術と文化の中心でした。アクロポリスは、もともとはアテネの人々の砦だったのですが、やがて彼らの聖地へと変わっていきます。最も重要な神殿はパルテノン神殿でしたが、他にも神聖な場所がいくつかありました。

トリグリフ　縦の溝が彫られた石
横架材
円柱　太い円柱が、神殿の骨組みの役割を果たしています。
基盤

フェイディアスはパルテノン神殿を建てた建築家のひとりでした。黄金と象牙でできた巨大な女神アテナ像を彫った彫刻家としても有名です。

フェイディアス　アテナ像

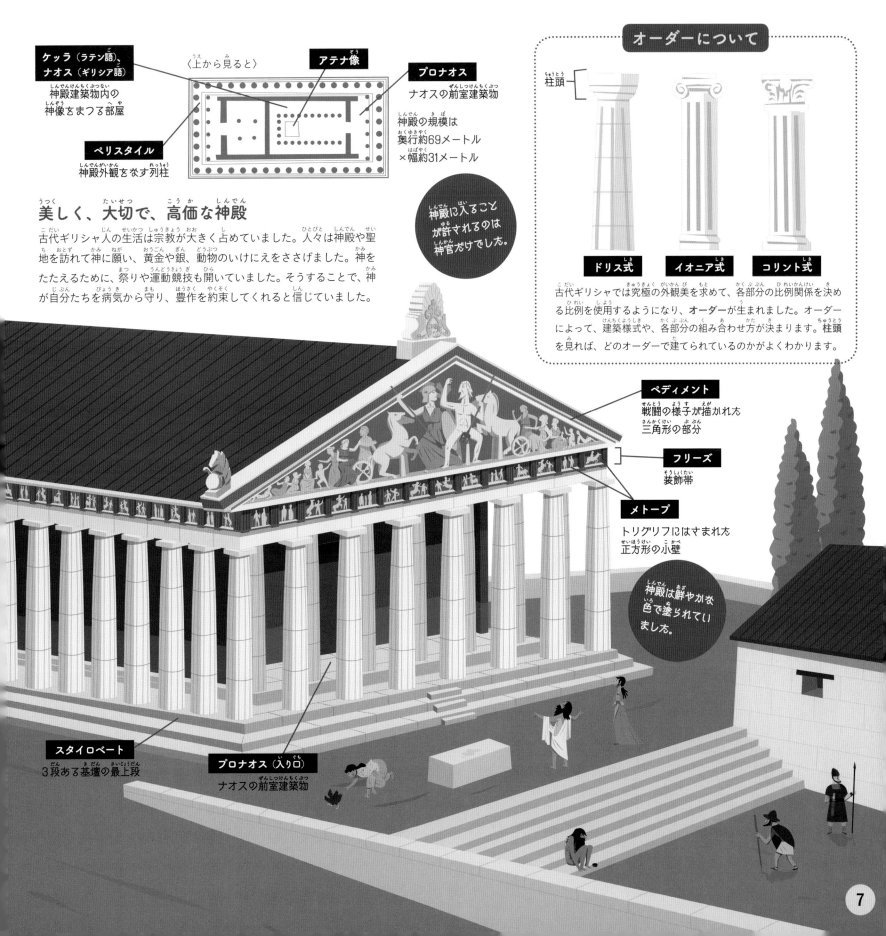

ケッラ（ラテン語）、ナオス（ギリシア語）
神殿建築物内の神像をまつる部屋

〈上から見ると〉

アテナ像

プロナオス
ナオスの前室建築物

神殿の規模は
奥行約69メートル
×幅約31メートル

ペリスタイル
神殿外観をなす列柱

オーダーについて

柱頭

ドリス式　**イオニア式**　**コリント式**

古代ギリシャでは究極の外観美を求めて、各部分の比例関係を決める比例を使用するようになり、オーダーが生まれました。オーダーによって、建築様式や、各部分の組み合わせ方が決まります。柱頭を見れば、どのオーダーで建てられているのかがよくわかります。

美しく、大切で、高価な神殿

古代ギリシャ人の生活は宗教が大きく占めていました。人々は神殿や聖地を訪れて神に願い、黄金や銀、動物のいけにえをささげました。神をたたえるために、祭りや運動競技も開いていました。そうすることで、神が自分たちを病気から守り、豊作を約束してくれると信じていました。

神殿に入ることが許されるのは神官だけでした。

ペディメント
戦闘の様子が描かれた三角形の部分

フリーズ
装飾帯

メトープ
トリグリフにはさまれた正方形の小壁

神殿は鮮やかな色で塗られていました。

スタイロベート
3段ある基壇の最上段

プロナオス（入り口）
ナオスの前室建築物

公衆浴場

古代ローマには風呂付きの家がほとんどなく、その代わりに公衆浴場がありました。公衆浴場は体を清潔にする場でもあると同時に、社交場でした。入浴だけでなく、運動やゲームをしたり、友人と話したり、くつろいだり、図書館で読書をしたりもできました。公衆浴場はローマ人の大事な生活の一部で、人々は浴場で毎日何時間も過ごしていました。

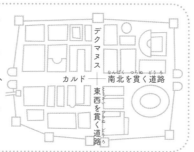

カルドとデクマヌスが町のメインストリートでした。それぞれ、南北、東西を貫く道路で、町の境界線である城壁と交わる部分には門が設けられていました。

デクマヌス
カルド——南北を貫く道路
東西を貫く道路

フォルム

古代ローマの都市には必ずフォルムと呼ばれる、市場や集会が開かれる公共の広場がありました。カルドとデクマヌスが交差する場所にあり、そばには重要な宗教施設や公共施設が並んでいたため、政治的な集まりや討論も行われました。

市場

噴水

イタリアの都市ローマと、帝国の都市をすべて結ぶ舗装路が敷かれていました。
古代ローマ時代の街道

水道橋

水道橋は町に水を供給するための水道設備の一部です。多くの町が、遠く離れた場所から水を引いていました。

バシリカ

裁判や、商取引のための建築物です。公的な式典も行われたため、現代の公会堂にも似ていました。バシリカ内の両側に並んだ柱は、室内の仕切りの役割を果たしています。仕切り部分はアーケード（連続したアーチ）になっていて、中央の通路（身廊）は、両側の通路（側廊）より幅が広く天井も高く造られました。

側廊　身廊　側廊

死者の遺体は通常、城壁の外の道路脇に埋められました。

ギュムナシオン
（運動競技場）

古代ローマ 都市計画の始まり

古代ローマ人は、ローマ帝国のいたるところに都市を造りました。建設工事の開始を記念して行う定礎式では、城壁を建てる場所、つまり町の境目が示されました。町をよっつに分けるように敷かれるメインストリート、カルドとデクマヌスの位置も示されています。それぞれのセクションには居住エリア（インスラ）や公共施設が建てられ、飲用水や下水道などの基本的な公共事業の計画も立てられていました。

劇場
半円形平面の建築物で、舞台と観客席があります。

円形闘技場
円形闘技場は、現代のスタジアムのように、大衆向けの催しに使われました。剣闘士（グラディエーター）と野獣の闘いや、水を張った模擬海戦が行われました。

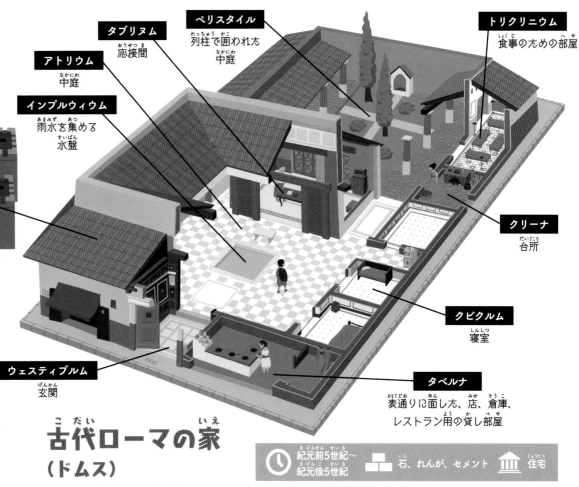

タブリヌム
応接間

アトリウム
中庭

インプルウィウム
雨水を集める
水盤

ペリスタイル
列柱で囲われた
中庭

トリクリニウム
食事のための部屋

クリーナ
台所

クビクルム
寝室

ウェスティブルム
玄関

タベルナ
表通りに面した、店、倉庫、
レストラン用の貸し部屋

古代ローマの家（ドムス）

🕐 紀元前5世紀～紀元後5世紀	🧱 石、れんが、セメント	🏛 住宅

ドムスは裕福な家庭の住宅で、どれも同じような間取りで造られていました。外に面した窓はありませんが、部屋などの居住空間は中庭や奥庭に開けていて、外の光や空気を室内に取りこめるようになっています。アトリウムは玄関を入ってすぐの中庭です。家の正面に位置し、周囲には寝室があります。その奥のタブリヌムは、主人が訪問客を迎える部屋です。そのまた奥には別の空間があり、ペリスタイルと呼ばれる奥庭につながっています。食事をする場所のトリクリニウムには、横たわりながら食事ができる長いすが置かれています。

⚙ アーチとヴォールト

アーチとは、出入り口や窓を作るとき、壁と壁のあいだの空間を広くするときに使われる建築構法のことです。

アーチは、迫石という建築材料を組み合わせて作ります。この迫石が互いを支え合うことで、半円形のアーチができあがります。迫石には石やれんがなどを使いますが、近年ではコンクリートを一度に流しこむ方法でアーチを作ることもあります。アーチの頂点に置かれる迫石は、カーブを完成させ、全体が崩れるのを防ぐ役割があります。そのため、要石やキーストーンと呼ばれます。

建築物を建てるには、必ず重力の問題がついてまわります。アーチにもその重さの分だけ重力がかかるわけですが、その形状から、水平方向外側に推力がかかります。

両側の壁からしっかり支えられていないと、アーチは崩れてしまいます。それを防ぐために、側面にかかる推力を地面まで逃がすバットレス（控え壁）を建てることもあります。

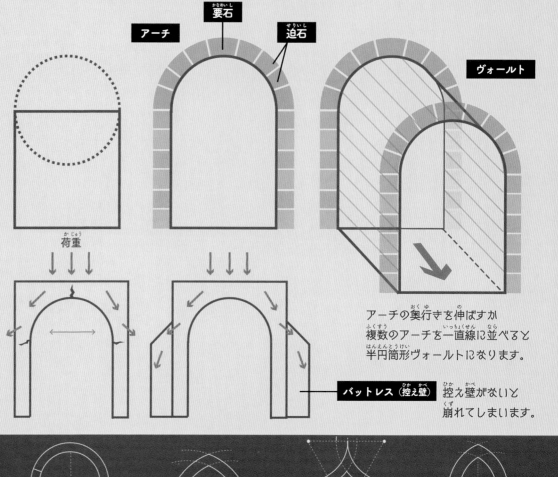

要石

アーチ

迫石

ヴォールト

荷重

バットレス（控え壁）

アーチの奥行きを伸ばすか複数のアーチを一直線に並べると半円筒形ヴォールトになります。

控え壁がないと崩れてしまいます。

アーチの種類

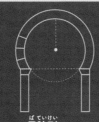

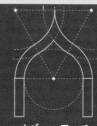
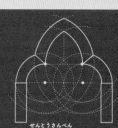

半円形アーチ　　馬蹄形アーチ　　ゴシック・アーチ　　オジー・アーチ　　尖頭三弁アーチ

⚙ ドーム

カーブの頂点を中心にアーチを回転させると、ドームになります。半円筒形ヴォールトができる過程と少し似ています。

古代ローマ時代から、神殿、宮殿、公衆浴場などの大きな建築物にドームが用いられてきました。ローマのパンテオンのドームは、伝統的な建築技法がよくわかる建築物のひとつです。

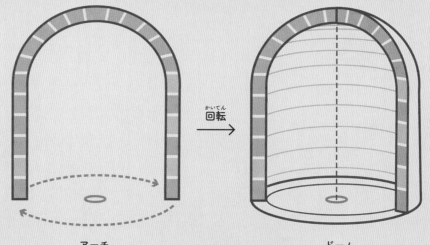

回転

アーチ　　　　　　　　　　　　ドーム

パンテオン（汎神殿）

ローマ（イタリア）

- 118〜125年
- ダマスクスのアポロドーロス
- コンクリートとれんが
- 神殿

パンテオンとは「あらゆる神々をまつる神殿」のことです。宗教施設として建てられましたが、政治的な集まりにも使われていました。丸い筒の形をした大きな円堂（ロトンダ）の上部は、ドームになっています。窓は、ドームの頂点にある天窓（オクルス）しかありません。オクルスは太陽の光を取り入れるだけでなく、ドームの上部を頑丈に保つリングの役割も果たしています。

ドームの半径＝ロトンダの高さ

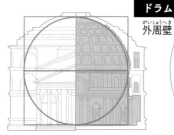

〈上から見ると〉

ドラム
外周壁

ケッラ
神殿建築物内の神像をまつる部屋

プロナオス
入り口

幾何学的な構造

ドームとロトンダの建設には、球体と円筒形という基本的な幾何学形態が使われています。ロトンダの円筒形の高さは、ドームの球体の半径と同じ長さになっています。

オクルス
天窓

ドーム
内側と外側のコンクリート層でできています。直径は43.4メートル。鉄筋を使わない無筋コンクリートで建てられた、世界最大のドームです。

格天井
格間と呼ばれる、くぼんだ四角形の装飾が天井を覆っています。これにはドームの重量を軽くする役割もあります。

ロトンダ
円筒形のロトンダは、2層のれんが層でできていて、石で補強されています。

パンテオンは、のちに教会堂となり、今も当時の姿を残しています。ローマに行ったときには、ぜひ訪れてみましょう！

精巧に建てられたパンテオンは、ほとんど修復されることなく、1,900年間その姿を保ち続けています。

M·AGRIPPA·L·FCO

メインの空間であるロトンダには、神殿らしい外観のプロナオスから入ります。この入り口が、外の世界から中の神聖な空間へと人々をいざないます。

プロナオス
入り口

コンクリート造

古代ローマ人はコンクリートを使って建築物を建てていました。当時のコンクリートには、水、火山岩、粉末のれんがや石灰岩を混ぜたものが使われていました。

ビザンツ建築

ローマ帝国の力は、首都が移されたコンスタンティノープルに引き継がれました。ビザンティウムの古名も知られており、現在はイスタンブルと呼ばれる町です。このビザンツ帝国（東ローマ帝国）の地で、ローマ帝国の文化と中東の文化が融合します。そうして生まれたビザンツ建築の特徴には、ドームが造られたこと、石の代わりにれんがが使われたこと、上部にドームを設置できるだけの頑丈な建築物が建てられたことが挙げられます。

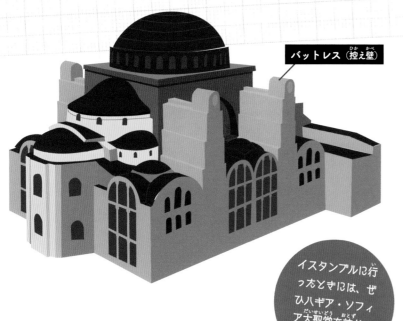

バットレス（控え壁）

ハギア・ソフィア大聖堂
イスタンブル（トルコ）

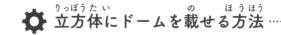

| 🕐 532〜537年、563年 | 🐟 トラレスのアンテミオス、ミレトスのイシドロス | 🧱 石、れんが | 🏛 聖堂 |

ハギア・ソフィア大聖堂は、火事で焼失した建築物を、1万人の作業員の手で6年間かけて建て直したものです。完成後まもなく地震によってドームが崩れてしまいますが、直径と高さを調整して再建されました。その後は1000年ものあいだ、世界最大の聖堂としての地位を維持します。ビザンティウムがオスマン帝国支配下にあったときには、モスクとして使用されていました。

イスタンブルに行ったときには、ぜひハギア・ソフィア大聖堂を訪れてみましょう！

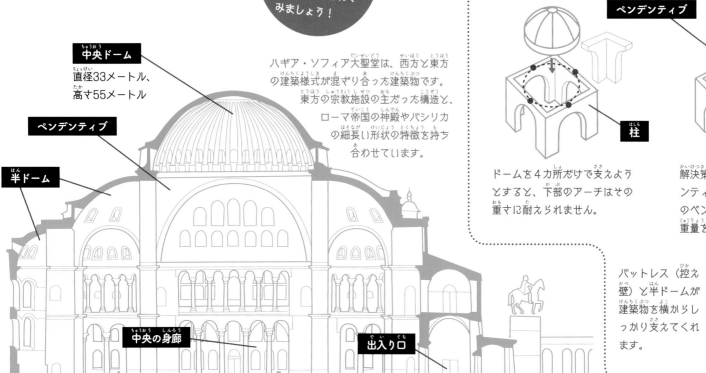

中央ドーム
直径33メートル、
高さ55メートル

ペンデンティブ

半ドーム

中央の身廊

出入り口

ハギア・ソフィア大聖堂は、西方と東方の建築様式が混ざり合った建築物です。東方の宗教施設の主だった構造と、ローマ帝国の神殿やバシリカの細長い形状の特徴を持ち合わせています。

⚙ 立方体にドームを載せる方法

ペンデンティブ

柱

ドームを4カ所だけで支えようとすると、下部のアーチはその重さに耐えられません。

解決策は、球面三角形のペンデンティブを設けることです。このペンデンティブが、ドームの重量を柱に逃がしてくれます。

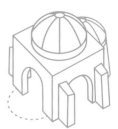

バットレス（控え壁）と半ドームが建築物を横からしっかり支えてくれます。

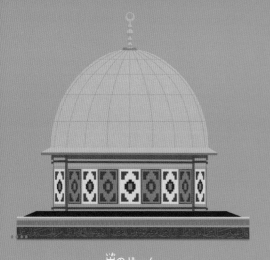

岩のドーム
エルサレム（イスラエル、パレスチナ）

ブルー・モスク
イスタンブル（トルコ）

サン・マルコ大聖堂
ベネチア（イタリア）

イマーム・モスク
イスファハン（イラン）

ドームの世界

ハギア・ソフィア大聖堂は
パンテオンのドームの影響を受けていますが、
ハギア・ソフィア大聖堂自体もそののちに建設され
たあらゆるドームのモデルになりました。
シルクロードの時代からずっと、
イスラム世界でもヨーロッパのキリスト教世界でも、
最も重要な宗教や政治の施設には
ドームが中央に建てられています。

聖ワシリイ大聖堂
モスクワ（ロシア）

タージ・マハル
アグラ（インド）

ティラカリ・マドラサ
サマルカンド（ウズベキスタン）

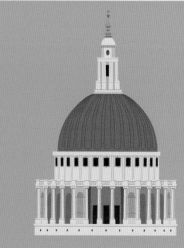

セント・ポール大聖堂
ロンドン（英国）

アンドレア・パラーディオ

パラーディオ（1508〜1580年）は著名なイタリアの建築家です。すばらしい芸術が生まれた**ルネサンス**時代が終わるころの16世紀に、ベネチアとビチェンツァの町周辺で活動していました。彼の設計した建築物、特に**ヴィラ（農村地帯の邸宅）**は、のちの公共施設の設計に大きな影響をあたえます。パラーディオの建築は、シンメトリー（対称性）と反復パターンを重視した幾何学的なデザインを基本にした、バランスの取れた古典的なスタイルが特徴でした。後世の建築家は、そのスタイルから発想を得ていました。

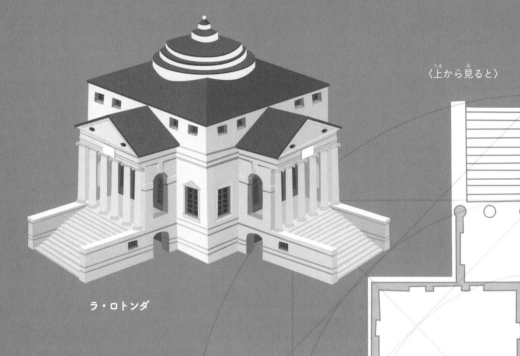

〈上から見ると〉

ラ・ロトンダ

アンドレア・パラーディオ

16世紀のヨーロッパの思想家と芸術家は、ギリシャ・ローマ風の芸術と思想の復活が、古典文化の再生「ルネサンス」を生んだと信じていました。

ラ・ロトンダ
ビチェンツァ（イタリア）

🕐 1566〜1620年	⬤ アンドレア・パラーディオ	🧱 石	🏛 ヴィラ（農村地帯の邸宅）

ラ・ロトンダとして知られる**ヴィラ・アルメリコ・カプラ**は、パラーディオの最も有名な作品のひとつです。古代ギリシャ・ローマの神殿の古典的な要素を使った**ルネサンス様式**により、ビチェンツァの近くに建てられました。ヴィラ・ラ・ロトンダの名前は「円筒形のヴィラ」という意味ですが、実際は正方形の形状を十字形に組み合わせた平面が基本になっています。

ラ・ロトンダにおいて
建築家が最も大切にしているコンセプト

リズム

リズムとは、建築物の各部分の配置と大きさのパターンのことです。音楽のリズムのように、特定のリズムに従って各部分がアレンジされます。たとえば窓の場合、同じ大きさの窓を同じ間隔で配置したり、異なる形にアレンジしたり、あるいはまったく何のパターンもなく置いたりします。

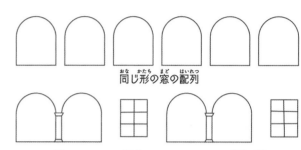

同じ形の窓の配列

異なるリズムで配置された、いろいろな形の窓

シンメトリー

鏡に映ったかのような左右対称の状態をシンメトリーといいます。シンメトリーは、数学の世界にも自然界にも見られます。わたしたちの体にも存在しています。古代からずっと、シンメトリーの建築物はバランスがよく、美しいと考えられてきました。

現代の家には、シンメトリー（対称）や
アシンメトリー（非対称）、あるいは
そのふたつをあわせ持ったタイプのものが見られます。

幾何学

幾何学は立体に関する数学用語です。建築物は立体です。立方体、球体（11ページのパンテオン参照）、角すい、直方体などがあります。建築物はどれも、これらの立体を組み合わせて最終的な形になります。

美しさ

パラーディオは、ルネサンス様式の幾何学と比例の法則に美を追究しました。これらの法則は時代や文化によって異なりますが、古代ローマの建築家であり理論家のウィトルウィウスは、強（堅固で長持ちすること）、用（快適さ）、美のみっつのバランスが取れているものが優れた建築であると説いています。

日本家屋

日本人にとって美しい住宅とは、余分なものがない住宅です。床、天井、壁、骨組みは見せるものであり、余計な装飾は必要ありません。そのため、昔ながらの日本家屋では、部屋には特別な家具を置きません。食事や睡眠、読書など、あらゆる行為は、どの部屋でも行えます。特定の使用目的がある部屋は、台所や浴室などに限られています。他の部屋は何にでも使用できるわけです。部屋同士や、部屋と外をへだてるものは、障子やふすま、簾戸などの引き戸だけで、隣の部屋や外をすぐそばに感じられます。

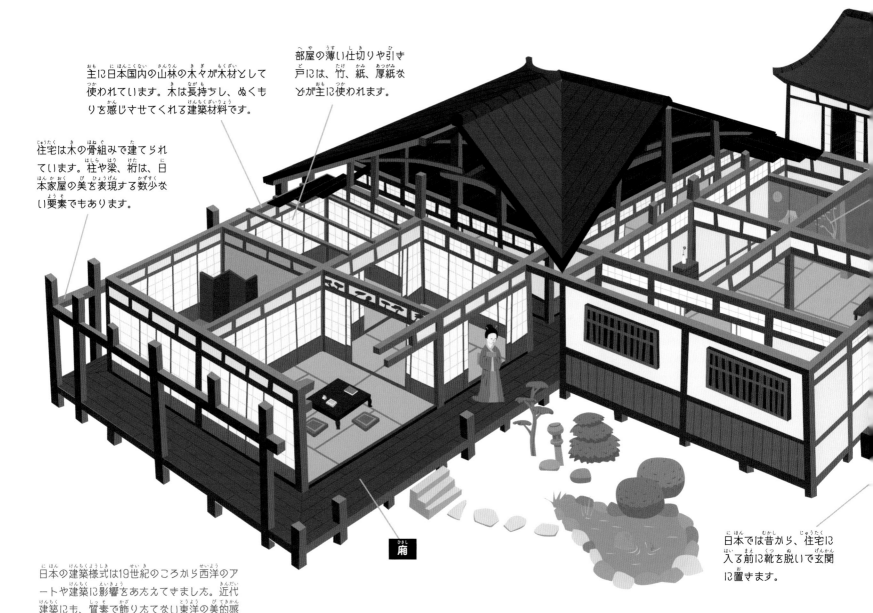

主に日本国内の山林の木々が木材として使われています。木は長持ちし、ぬくもりを感じさせてくれる建築材料です。

部屋の薄い仕切りや引き戸には、竹、紙、厚紙などが主に使われます。

住宅は木の骨組みで建てられています。柱や梁、桁は、日本家屋の美を表現する数少ない要素でもあります。

廂

日本では昔から、住宅に入る前に靴を脱いで玄関に置きます。

日本の建築様式は19世紀のころから西洋のアートや建築に影響をあたえてきました。近代建築にも、質素で飾りたてない東洋の美的感覚が取り入れられてきました。日本の住居では基準となる寸法が決まっていて、建て増しや建て替えが容易にできます。この方式に、チャールズ・レニー・マッキントッシュなどの建築家が大きな影響を受けています。

庭の重要性

庭は、伝統的な日本家屋の最も重要な要素のひとつです。格式ある庭は禅宗の世界観を反映していて、石、水を象徴するもの、草木を置いて表現されます。住宅の中も、自然との調和が取れていなければなりません。そのため、住宅の中と外の世界をつなぐ、廂、玄関、障子もとても重要な要素になります。

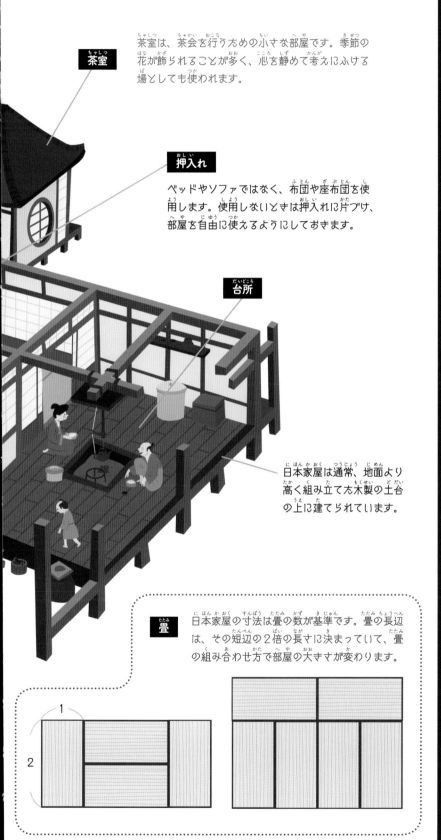

茶室は、茶会を行うための小さな部屋です。季節の花が飾られることが多く、心を静めて考えにふける場としても使われます。

茶室

押入れ

ベッドやソファではなく、布団や座布団を使用します。使用しないときは押入れに片づけ、部屋を自由に使えるようにしておきます。

台所

日本家屋は通常、地面より高く組み立てた木製の土台の上に建てられています。

畳

日本家屋の寸法は畳の数が基準です。畳の長辺は、その短辺の2倍の長さに決まっていて、畳の組み合わせ方で部屋の大きさが変わります。

桂離宮
京都（日本）

🕐 1620～1658年	智仁親王
木、紙、厚紙	🏛 皇族の宮殿

桂離宮は、日本の芸術と建築を代表する最も重要な建築物のひとつです。400年前に智仁親王によって、桂川の西岸で建設が始まりました。完成まで50年の年月がかかっています。

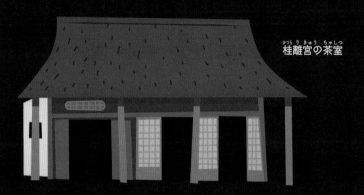

桂離宮の茶室

桂離宮の書院や御殿は平屋建てで、かなり高さのある高床式の木製の土台の上に建てられています。母家である書院群は迷路のように入り組んだ部屋の数々で構成され、まわりには茶室など他の建築物が点在しています。書院群は、ふすまで仕切った部屋の増築が繰り返され、年月が経つとともに大きくなりました。
日本の皇室は桂離宮を、隠居したあとの住居、または静養や月見のための別邸として使用しました。建築物とそれを囲む庭の簡素なたたずまいは、すべてのものがひとつにまとまって調和し合う平穏な世界を感じられるように意図されています。
桂離宮の部屋のほとんどが外をながめられる造りになっているため、室内からも庭や池を楽しむことができます。小道が張りめぐらされた庭は風通しがよく、庭に張りだした廂からは月見も堪能できます。

建築家なしの建築
ヴァナキュラー建築

人間は自分で家を作るようになると、敵や危険な動物から身を守るために、川のそばや高い場所を選んで家を建てました。これらの住居には前もって計画などは立てられておらず、道路や家の場所を決める建築家も都市計画家もいません。何世代にもわたって、人々は同じ感覚や知識、そして身近にある材料を使って集落を形づくってきました。現代ではそれをヴァナキュラー建築と呼びます。このタイプの建築は今も、農村地域はもちろん大都市でも見られます。

ヴァナキュラー建築の建築物は、作り手が違うのに、たいてい近くの住宅と同じ特徴を持っています。同じ地域に建てられた住宅は、似る傾向にあるのです。これは、同じ気候で暮らし、同じ文化を持ち、同じ材料で住宅を建てるためです。時の経過とともに、増築されたり、解体されて新しい住宅が建ったりもします。それでも、建て方、材料、特徴、色が同じままなので、それぞれの住宅は違ってもひとつの建築様式が保たれるわけです。

> 建築は、いわば文明です。さまざまに共通する要素を、
> 文化によってまとめられる世界だからです。

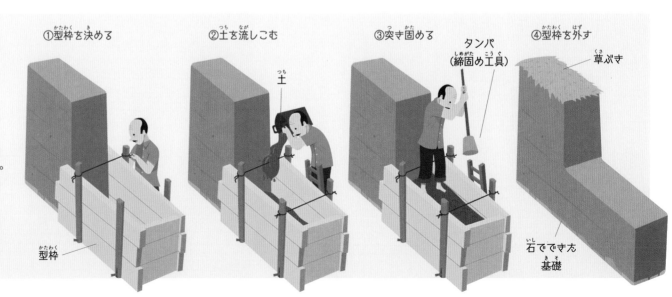

練り土の壁の作り方

ヴァナキュラー建築では設計図を描いたりしません。ただ、建て始めます。建設技術は、その地域の文化です。その例のひとつが、練った土で作られる壁です。

①型枠を決める
型枠

②土を流しこむ
土

③突き固める
タンパ（締固め工具）

④型枠を外す
草ぶき
石でできた基礎

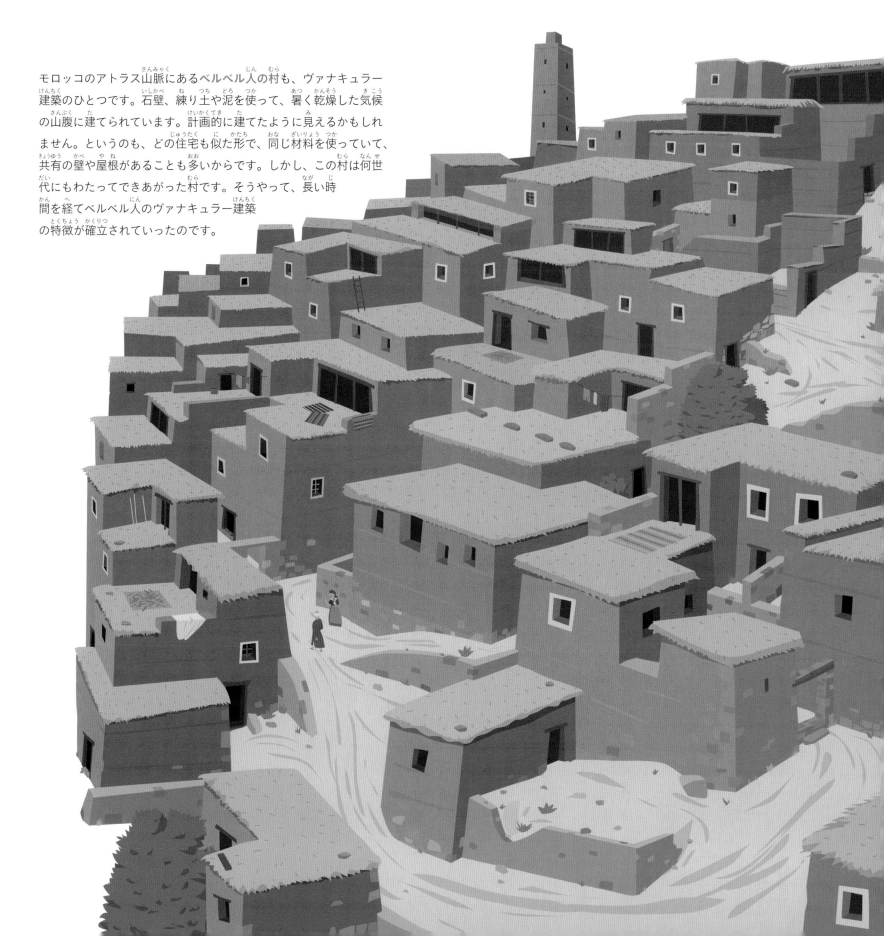

モロッコのアトラス山脈にあるベルベル人の村も、ヴァナキュラー
建築のひとつです。石壁、練り土や泥を使って、暑く乾燥した気候
の山腹に建てられています。計画的に建てたように見えるかもしれ
ません。というのも、どの住宅も似た形で、同じ材料を使っていて、
共有の壁や屋根があることも多いからです。しかし、この村は何世
代にもわたってできあがった村です。そうやって、長い時
間を経てベルベル人のヴァナキュラー建築
の特徴が確立されていったのです。

ゲル
（モンゴル）

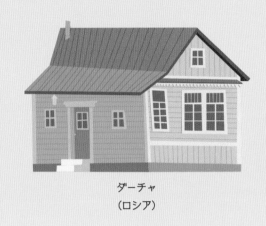

ダーチャ
（ロシア）

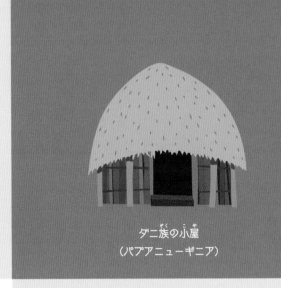

ダニ族の小屋
（パプアニューギニア）

ティピー
（米国中西部）

さまざまな住宅

太古の人々が住んだ洞窟から
現代の住宅まで、それぞれの文化において
さまざまなタイプの住宅が生まれ、
身のまわりの材料を使ったシェルターが
作られてきました。世界には、
いろいろな気候や地形が存在します。
その土地によって異なる住宅が建てられてきたのは、
何も驚くことではありません。

アドビ造住宅
（オマーンのアル・ハムラ）

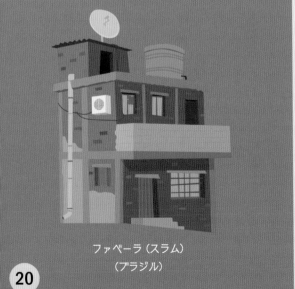

ファベーラ（スラム）
（ブラジル）

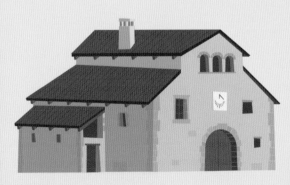

マシア
（フランス南部、スペイン北部）

漂流民族の高床式住宅
（マレーシアのサバ州）

ハーフティンバー（半木骨造）の住宅
（英国）

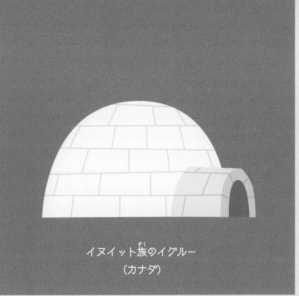

イヌイット族のイグルー
（カナダ）

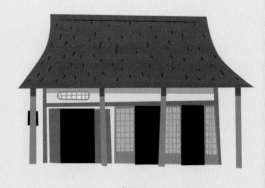

茶室
（日本）

ヴァルド（ロマーニキャラバン）
（英国）

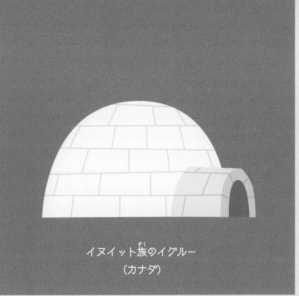

サンパン
（中国）

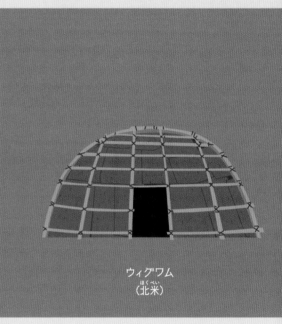

ウィグワム
（北米）

ポドコ族の小屋
（カメルーン）

遊牧民の住居
（モロッコの砂漠）

丸太小屋
（米国）

21

新たな時代の到来

産業革命が起こり、蒸気機関（蒸気の力を機械などに利用したもの）が開発されたことで、建築や建築工学の世界に大きな変化がもたらされました。鉄を溶かして製品加工する鋳造を工場で行えるようになり、それまでにない建築工法が可能になったのです。大きな薄いガラスを作る技術など、建築材料を作る新しい方法が生まれ、建築物のイメージや可能性が変わりました。

工場、橋、それ以外の建造物の建設に、鉄が使われるようになりました。すぐに鉄は、当時の重要な建築物や記念建造物を建てるときに、まっさきに選ばれる材料になります。また、歴史上初めて、建築物の建設前に建築材料を設計・計画して大量生産できるようになりました。鉄やガラスはそれぞれの工場で作られ、建設現場に運ばれました。こうして新しく生まれた技術によって、建築家や建築技術者は、太陽の光をたくさん取り入れた広々とした空間づくりを提案できるようになります。19世紀には、数多くの博覧会の展示館が建てられました。有名なものに、1851年にロンドンで開かれた**ロンドン万博**のために造られた**クリスタル・パレス**があります。また、パリで開かれた1889年の第4回パリ万博では、ステフィン・ソーヴェストルが設計し、建築技術者のギュスターヴ・エッフェルが建設した、鉄でできた巨大な**エッフェル塔**が建てられました。

ロバート・スチーブンソンのロケット号（初期の蒸気機関車）が登場したあとまもなく、英国全土に鉄道網が広がりました。

万国博覧会

世界中の都市で開かれた万国博覧会は、各国の科学技術の発展を発表する場になりました。国々は競って、人々をあっと言わせるような建築物や記念建造物を建てました。

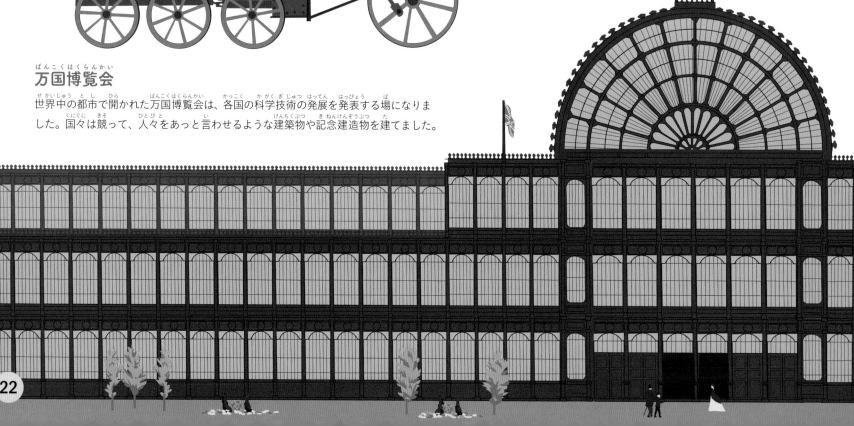

リベット打ちには
4人の作業員が
必要でした。

エッフェル塔の建設には、1万8千本の鉄材の結合に約250万本のリベットが使われています。

もともとは万国博覧会の終了後に
取り壊す予定だったエッフェル塔ですが、
そのまま残されました。
今では、世界で最も多くの人々が訪れる
記念建造物のひとつです。

⚙ リベットを使った金属板の結合

19世紀、リベットで金属板を結合させる工法を使って、金属の建造物がたくさん造られました。リベットとは、くぎに似た金属の建築材料で、ボルトの形をしています。石炭を燃料にした炉で熱し、金属板に前もって開けておいた穴に入れます。そして穴からはみ出た部分をハンマーで打ち、金属板を結合します。

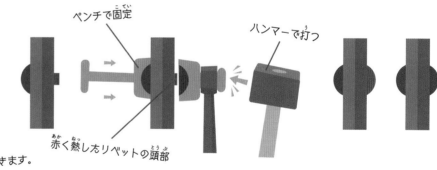

赤く熱した
リベット

ペンチで固定

ハンマーで打つ

接合する2枚の金属板に
あらかじめ穴を開けておきます。

赤く熱したリベットの頭部

クリスタル・パレス ロンドン（英国）

🕐 1851年　⬭ ジョセフ・パクストン　▬ 鋳鉄とガラス　🏛 展示館

ロンドンのクリスタル・パレス（水晶宮）は「鋳鉄製の建築」を代表する建築物で、万国博覧会の有名な展示館です。英国のイラストレーターでランドスケープ・デザイナーのジョセフ・パクストンが設計したもので、当時では画期的な造りでした。長さ564メートル、高さ34メートルの巨大な温室で、金属の枠と窓ガラスをずらりと横に並べ、その列を縦に3段重ねた構造になっています。

アール・ヌーヴォー建築

「新しい芸術」を意味する「アール・ヌーヴォー」は、19世紀末の芸術様式で、職人技術と細部へのこだわりを大切にしたヨーロッパのスタイルです。国によってデザインはさまざまですが、アール・ヌーヴォーの芸術と職人技を重んじた様式は建築にも取り入れられました。アール・ヌーヴォーの先駆者には、建築家のヴィクトール・オルタ、画家のアルフォンス・ミュシャとグスタフ・クリムトなどがいます。アール・ヌーヴォー建築の特徴は、自然界に見られる形と曲線です。その芸術的なスタイルは、窓、彫刻、家具、ジュエリー、照明器具、印刷物、グラフィックデザインにも見られます。心地よい空間を作りだすデザインをすべてひとまとめにした芸術様式だと言えます。

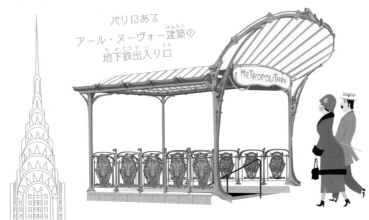

パリにある
アール・ヌーヴォー建築の
地下鉄出入り口

ニューヨークにある
アール・デコ建築で
ウィリアム・ヴァン・アレン
設計のクライスラー・ビル

アール・デコとは、アール・ヌーヴォーと、革新的な前衛芸術（アヴァンギャルド）に影響を受けた芸術様式です。幾何学的な形と直線を使った装飾とデザインを特徴とした、豪華で魅惑的なスタイルを生みだしました。

アール・ヌーヴォーとガウディ

自然のものから発想を得る

ガウディは自然のものから形や構造の発想を得ていました。彼の描く曲線は、自然界に見られる形です。彼が設計した建築物には、海の波をイメージした天井や、魚のうろこを表現した壁、骨のように見える柱、竜の背中のような形の屋根などが見られます。

森の木々のような柱

サグラダ・ファミリア教会堂内の柱は、森の木々をイメージしたものです。

サグラダ・ファミリア教会堂の建設は100年以上前に始まりましたが、まだ完成していません！

黄土色の部分は
完成済み

サグラダ・ファミリア教会堂 バルセロナ（スペイン）

🕐 1882年建設開始	⚪ アントニ・ガウディ	🧱 石、コンクリート、ガラス	🏛 教会堂

まだ完成していないにもかかわらず、サグラダ・ファミリア教会堂はガウディの作品のなかで最も有名な建築物です。彫刻、絵画、建築を一体化させた壮大な造りで、見る者を魅了してやみません。ガウディは、自分自身の信仰心から発想を得て、サグラダ・ファミリア教会堂を世界最大の宗教施設にしようと試みました。建築物のあらゆる場所にシンボルや数字を示すことで、キリスト教の歴史を表現しています。

中央の塔が完成すれば、サグラダ・ファミリア教会堂は世界で最も背の高い教会堂になります。

青色の部分は未完成

トレンカディス

ガウディは、壁をトレンカディスで覆うスタイルを編みだしました。くだいたタイルを敷きつめたモザイクの装飾をトレンカディスと呼びます（ガウディの母語であるカタルーニャ語で「こまかく刻む」という意味）。この技法は、ガウディのデザインする曲線部分にぴったりの装飾でした。

アントニ・ガウディ

アントニ・ガウディ（1852〜1926年）の作品は、建築史上で最も独創的な建築物ばかりです。その建築物のほとんどは、スペインのカタルーニャ地方にあります。自然界や幾何学の法則をヒントに、曲線と波のようなパターンを多く使っています。それだけでなく、建築物のまわりの柵、家具、暖炉、階段の手すり、照明器具など、こまかな部分もすべてデザインしています。

アントニ・ガウディ

天井からぶら下げたアーチの模型

ゴシック・アーチ

放物線アーチ

重り

ひも

鏡

⚙ さかさまの建築物

ガウディの作品の多くには、**放物線アーチ**が使われています。放物線アーチを使うことで、とても背の高い建築物を建てることができます。コンピューターのない19世紀は、このような曲線の計算がとてもむずかしい時代でした。そこでガウディは、アーチの形や、それが耐えることのできる重さを知る方法を考えだしました。ひもを使ってアーチを再現し、重りをつけて重量を計算するというものです。ガウディのすごさは、それだけではありません。天井からぶらさげたアーチの模型の下に鏡を置き、完成したときの形を確認したのでした。

建築と他のアートとの出会い

わたしたちの未来の生活環境を想像し、それを築くことも建築家の役割です。それには、建築物、公園、住宅街、都市が含まれますが、自分が設計する建築物のあらゆるものを手がけようとする建築家も大勢います。一番大きな最も複雑なものから、一番小さな最もシンプルなものまで、すべてです。

カサ・バトリョの
バトリョチェア
アントニ・ガウディ
1907年

PH5ペンダントライト
ポール・ヘニングセン
1958年

ヒルハウスの
ラダーバックチェア
チャールズ・レニー・
マッキントッシュ
1903年

ジッツマシーネ
ヨーゼフ・ホフマン
1905年

26

ウィグルサイドチェア
フランク・ゲーリー
1972年

ティーポット
ヴァルター・グロピウス
1969年

自宅のアトリエでくつろぐ、
フィンランドを代表する
建築家・デザイナーの
アルヴァ・アアルトと
アイノ・アアルト
(1934〜1936年)

照明器具からまちづくりまで

デザイナーや建築技術者、ランドスケープ・デザイナー、都市計画家と、建築家との違いは何でしょう。その区別がつかなくなることもあるかもしれません。建築家の仕事には、ありとあらゆる建築物と、それに関係するものが含まれます。さらに、公共スペースや都市の設計にもかかわります。

アルネ・ヤコブセンの
エッグチェア
1958年

デンマークと
スウェーデンを結ぶ
オーレスン橋
1999年

デザイナーは主に、もの、商品、コンセプト、空間をデザインします。いす、テーブル、照明器具、食器、ガラス製品といった、家具や生活用品を専門にするデザイナーもいます。建築家の多くも、自分が手がける建築物に合う家具や生活用品をデザインすることに意欲的です。

構造工学技術者や土木技師は、橋の構造計算、道路網の計画、港の設計など、より技術力が求められる町や都市の設計に携わります。

バルセロナの住宅街

エリック・グンナール・
アスプルンドが設計した、
ストックホルム(スウェーデン)の
森の墓地 1915年

まちづくりを計画する人々は、都市計画家と呼ばれます。彼らの仕事は、その町の生活環境、人やものの輸送、公共スペース、建造物が対象です。都市空間について考え、人々がより暮らしやすいまちづくりを目指します。

ランドスケープ・デザイナーは、芸術や建築の視点から広い土地の活用を考え、計画します。繊細な技術や、ときには自然環境に手を加える技術を使って景観を設計します。

ル・コルビュジエ

ル・コルビュジエは、本名をシャルル=エドゥアール・ジャヌレ=グリという、スイス生まれの建築家です。長年パリに住み、世界中で建築物を設計しました。建築と都市計画が本業でしたが、画家でもあり彫刻家でもありました。ル・コルビュジエのゴールは、それまでとはまったく違う、現代的な建築を創造することでした。20世紀で最も影響力のあった建築家のひとりだと言われています。

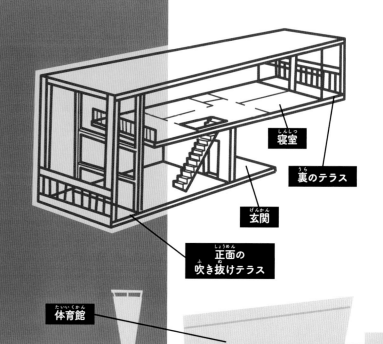

寝室

裏のテラス

玄関

正面の
吹き抜けテラス

ル・コルビュジエ

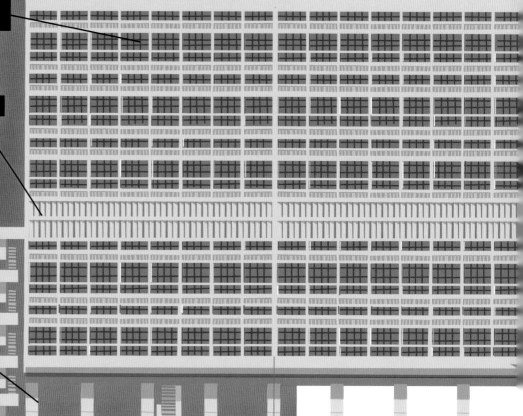

体育館

バルコニーが
2カ所ある住戸

店舗の階

ピロティ

ユニテ・ダビタシオン
マルセイユ（フランス）

 1947～1952年 　 ル・コルビュジエ

 コンクリート造 　 住戸と共用施設

28

幅1.13メートル

高さ2・26メートル

モデュロール

ル・コルビュジエは、人間の体と幾何学をもとにした**「モデュロール」**と呼ばれる**基準寸法**を考案しました。人がおへそを中央にして、片手を上げて立った図が基準です。この図の外側には、幅1.13メートル、高さ2.26メートルのふたつの重なった長方形が描かれます。ル・コルビュジエは、この図を黄金比（古代ギリシャ時代の、調和の取れた空間の分割方法）と組み合わせて基準寸法を設定し、建築活動に生かしていました。

共用テラス

カフェテリア

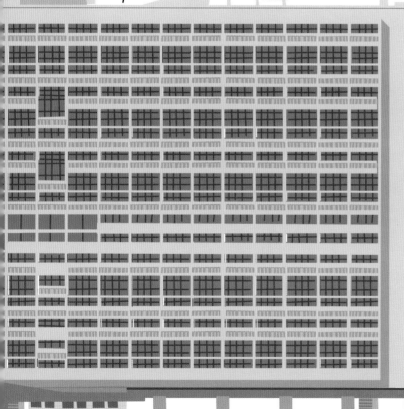

鉄筋コンクリートの柱の作り方

1. 鉄筋を用意する　2. 型枠を作る　3. コンクリートを流しこむ　4. 型枠をはずす

1.

2.

3.

4.

ル・コルビュジエによる 新たな建築の5要点

❶ピロティ
コンクリートの柱で建築物を持ち上げ、建築物が地面に接する部分を少なくします。

❷自由な平面
ピロティを造ることで、空間の使い方の幅が広がります。建築物を支える壁によって空間が「閉じこめられる」ことがないためです。

❸屋上庭園
建築物の屋上では、花や低木、木々を育てます。

❹自由なファサード（建築物の正面）
建築物を支える構造からファサードを解放（建築物の重量を支える必要がない）し、それまでとは違った建設技術やスタイルを使えるようにします。

❺連続水平窓
窓は、高さを高くするよりも幅を広げて、景色全体をながめられるようにします。

ユニテ・ダビタシオンとは、いろいろな町に建てられた一連の建築物群です。最初に建てられたユニテは、マルセイユにある約2千人が住める集合住宅です。ここでは、生活に必要となる基本的なサービスがすべて用意されています。住人は、自然に囲まれた環境のなか、テラスや吹き抜けのある家族向け住戸で暮らすことができます。

落水荘 ミルラン
（米国ペンシルベニア州）

| 🕐 1936〜1939年 | ⦿ フランク・ロイド・ライト | 🧱 石、コンクリート、ガラス | 🏛 住宅 |

落水荘は、カウフマン家の週末用の別荘として、米国ペンシルベニア州の滝の上に建てられました。川の上に張りだした片持ち梁で住宅の大部分を支える造りになっていて、当時の建築技術者にとっては大きな挑戦となる工法でした。フランク・ロイド・ライトの傑作のひとつとされています。

この別荘は、近代住宅建築の絶好の例となっています。水平に開けた屋内空間が大きな開口部をつうじて屋外へと続き、コンクリート造のテラスが広がります。まるで、家が水の上に浮かんでいるかのようです。

ガラスの家　フィリップ・ジョンソン作　1945〜1949年

アッパー・ローン
アリソン＆ピーター・スミッソン作
1956〜1962年

オリンダのムーア邸　チャールズ・ムーア作　1962年

現代住宅の刷新

住宅は、わたしたちが
多くの時間を過ごす安全な空間です。
しかし何百年ものあいだ、建築家は
神殿や宮殿、教会堂の建築にばかり
関心を抱いていて、住宅の建築には
あまり意識を向けていませんでした。

現代の建築家たちは、
住宅の役割について考えるようになり、
さまざまなことを試みるようになります。
産業化、新しいテクノロジーの登場によって、
人々の暮らしは劇的に変化しました。
建築家も、新しい趣やニーズを
住宅に取り入れる方法を考えるようになります。
結果、すばらしいデザインの住宅が
建てられてきました。

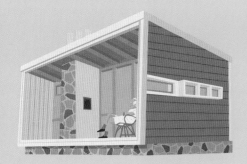

ザ・ボックス　ラルフ・アースキン作　1942年

E-1027　アイリーン・グレイ作　1926〜1929年

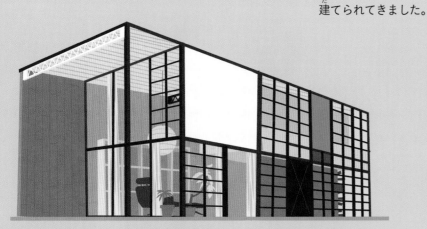

ケース・スタディ・ハウスNo.8　チャールズ＆レイ・イームズ作　1945〜1949年

シュレーダー邸　ヘリット・リートフェルト作　1924〜1925年

バルセロナ・パビリオン　バルセロナ（スペイン）

🕐 1929年	ミース＝ファン＝デア＝ローエ	大理石、鉄、石、ガラス	🏛 展示館

ルートヴィヒ・ミース＝ファン＝デア＝ローエ（ミースとしても知られる）とリリー・ライヒは、1929年のバルセロナ万国博覧会のためにバルセロナ・パビリオン（ドイツ館）を建てました。画家ピエト・モンドリアンの水平と垂直の線と原色を使った抽象表現をヒントに、水平と鉛直の面（薄い屋根と壁）で空間を仕切った造りになっています。これによって、屋内と屋外の区別がない連続した空間を実現しました。建築物の色は、さまざまな種類の石材で表現されています。

屋根

出入り口

豪華で雄大な雰囲気の
トラバーチン・ブロック
（大理石の一種）

断面が十字形の鉄柱

バルセロナ・パビリオンは
博覧会の終了後に
取り壊されましたが、
1980年代にバルセロナで
復元されました。

オープン当初、
このパビリオンに
世間は衝撃を受けました。
こんな建築物は、
それまでだれも見たことが
なかったからです。

ミースがバルセロナ・
パビリオンのために
デザインした
バルセロナ・チェア

ルートヴィヒ・ミース＝ファン＝デア＝ローエ

空間

ミースの建築は、「自由な」平面を実現した理想的な作例です。床と屋根のあいだには、開放的な空間が広がります。建築物を支えるための壁はありません。柱、空間を仕切るだけの壁、単純なガラスのファサードがあるだけで、建築物の中と外の区別をほとんど感じさせません。

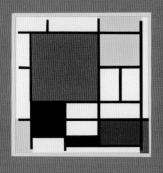

ピエト・モンドリアン作、『赤、黄、青と黒のコンポジション』1921年。
オランダ人画家モンドリアンの抽象画はミースに大きな影響をあたえました。

ミース（1886〜1969年）は、当時の過度な装飾の建築様式を打ちやぶったドイツ人建築家です。ライト、アアルト、ル・コルビュジエに並ぶ、近代建築の生みの親のひとりで、アヴァンギャルドに強い影響を受けていました。ミースの格言のひとつに「より少ないことは、より豊かなことだ」というものがあります。彼は、装飾を一切なくし、基本となる幾何学的な形を追い求めることで美しい建築物を造ろうと試みました。1930年代の終わりに米国に移住したあと、必要最小限をモットーとするミニマリストとして活動し、その後の建築界にきわめて大きな影響を残しました。

ファンズワース邸の模型

ファンズワース邸
（米国イリノイ州）1945〜1950年

ミースの米国時代を象徴する建築物で、彼の作品を特徴づける要素のほとんどが盛りこまれています。床や屋根は地面から持ち上げられていて、金属の柱で支えられ（古代の神殿のように）、まわりの4面はガラスで囲われています。家具やバスルームなどの水回り部分以外は、住宅の向こう側が透けて見える透明な室内になっています。

MR10カンチレバーチェア
ミースがデザインしたアルミフレームのいす

キンベル美術館　ルイ・カーン作
フォートワース（米国テキサス州）
1966〜1972年
美術館

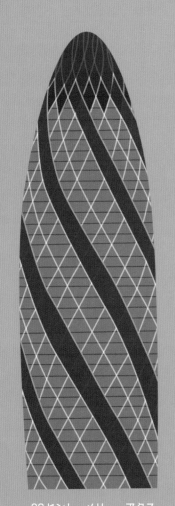

バウハウス　ヴァルター・グロピウス作
デッサウ（ドイツ）　1925〜1926年　美術学校

ブラジリア大聖堂
オスカー・ニーマイヤー作
ブラジリア（ブラジル）
1958〜1970年
大聖堂

30セント・メリー・アクス
（ガーキン）
ノーマン・フォスターと
ケン・シャトルワース作
ロンドン（英国）
2001〜2003年　オフィスビル

サンパウロ美術館　リナ・ボ・バルディ作
サンパウロ（ブラジル）　1958〜1968年　美術館

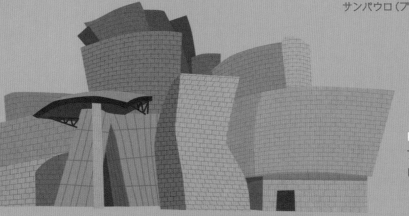

ビルバオ・グッゲンハイム美術館
フランク・ゲーリー作
ビルバオ（スペイン）　1992〜1997年　美術館

時代を象徴する建築物

歴史をとおして、特に20〜21世紀は、作者不明の建築物がたくさん建てられました。しかしなかには、その時代の精神を象徴する、飛びぬけて優れた建築物もあります。そんな建築物のそれぞれの違いを見れば、この100年間の建築について知ることができます。その違いは、ヴァルター・グロピウスのバウハウスと、ヨーン・ウッツォンのシドニー・オペラハウスを比べてもわかるでしょう。

ベルリン・フィルハーモニー　ハンス・シャロウン作　ベルリン（ドイツ）
1960〜1963年　コンサートホール

アインシュタイン塔
エーリヒ・メンデルゾーン作
ポツダム（ドイツ）　1919〜1921年
天体物理観測所

シドニー・オペラハウス　ヨーン・ウッツォン作　シドニー（オーストラリア）　1959〜1973年　オペラハウス

ソロモン・R・グッゲンハイム美術館　フランク・ロイド・ライト作
ニューヨーク（米国）　1956〜1959年　美術館

カサ・デル・ファッショ　ジュゼッペ・テラーニ作
コモ（イタリア）　1932〜1936年　政党本部

構造物

建築物が立っていられるのは、きちんと設計され、適切な建築材料が使われているからです。住宅から橋まで、あらゆる構造物はあらゆる重さと力に耐えなければなりません。重さと力とは、その建築物自体、建築物を利用する人々、置かれる家具や乗り物などの重さと、風などが建築物におよぼす力を指します。

建築物の構造を人間の体にたとえると、その重要性がよくわかります。わたしたちの体は骨格があるからこそ、まっすぐ立ったり、歩いたり、自分の体重を支えたりできます。つまり、建築物の構造部材である柱や梁は人間の骨格にあたり、建築物のファサードや屋根は人間の肌にあたるわけです。

〈建築物を人間にたとえると〉

骨格＝柱や梁　　肌＝ファサード（建築の正面）や屋根

斜材

スパン

橋脚

ミヨー高架橋　ミヨー（フランス）

🕐 2001〜2004年	◐ ノーマン・フォスター	🧱 コンクリートと鋼鉄	🏛 橋

スパンの長い橋を造るには、橋を支える柱となる橋脚同士を、長い橋げたでつなぐ必要があるため、高い建設技術が必要です。これを可能にするのが斜材などの構造部材です。ミヨー高架橋には、342メートルのスパンが6つ、204メートルのスパンが2つあり、全長は2,460メートルになります。

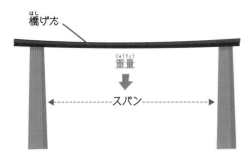

スパンの長さに注意

橋げた

重量

スパン

橋げたを支える支点と支点の距離を**スパン**と呼びます。スパンが長くなると、橋が曲がったり崩れたりするのを防ぐ複雑な対策が必要になり、費用も高くなります。スパンが長い大規模な橋などの場合には、それを支える大きな構造部材が必要です。

川や谷を渡るために、橋は古代から造られてきました。橋の長さや当時の技術、材料によって、橋の形はさまざまに進化しました。そして産業化と鉄を建築に使う技術の発展によって、橋の建設は建築技術を要する大プロジェクトになり、ビルなどの背の高い建築物と同じくらい重要な事業になりました。それ以来、橋の建設にかかわる建築家や技術者たちは、より距離の長い橋の建築方法を開発しようと取り組んできました。

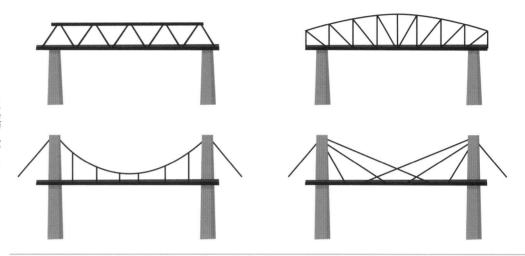

構造物の設計

構造物の強度は、建築物が耐えなければならない荷重（人、家具、乗り物や建築材料など）、建てる場所の地形（その土地にも重量の負担がかかります）、気候（風、雪、雨など）を頭に入れて計算しなければなりません。古代ギリシャ時代から今日まで、建築家と技術者は、その計算のために複雑な計算式や理論、手法を使ってきました。失敗の代償や危険が高いなかで試行錯誤を繰り返してきましたが、現代ではコンピューター・プログラムのおかげで計算しやすくなりました。

大規模な構造物を造るには、それぞれの部材を組み立てる手段と場所を考えておかなければなりません。建設現場に輸送する方法にも注意が必要です。鋼鉄やコンクリートで造られた巨大な橋げたを載せた大型トラックや列車を、あなたも見たことがあるのではないでしょうか。

ますます高くなる建築物

人は昔から、空に届くような背の高い建築物を建てたいと願う生き物でした。古代エジプトの記念碑であるオベリスクや、モスクに建てられるミナレット、イタリアの塔などにも、それが表れています。

19世紀後半、米国のシカゴとニューヨークに、世界で初めて超高層ビルが建てられました。建設技術の発達と近代的なエレベーターの登場で、それまでになく高い建築物が建てられるようになり、超高層ビルは近代都市を象徴する存在になりました。ビル内には居住スペースやオフィススペースなどが設けられます。土地の価格が非常に高い場所での場所の節約になるという利点もありますが、その都市や建設会社の政治的な力や経済的な力を示す象徴にもなっています。

そういった理由から、世界で一番高いビルを建てるという競争が今日でも盛んに行われています。今はアラブ首長国連邦のドバイに建てられたブルジュ・ハリファが世界一高いビルですが、現在建設計画が進められている超高層ビルは高さ1キロメートルにもなるということです。

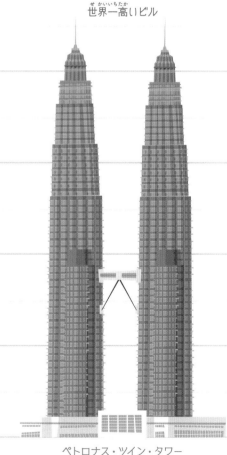

1998〜2003年の
世界一高いビル

1889〜1930年の
世界一高い建築物

エッフェル塔
324メートル
ステファン・ソーヴェストルと
ギュスターヴ・エッフェル
パリ　1889年

国際金融中心・第二期
415メートル
シーザー・ペリ
香港　2003年

432パーク・アベニュー
426メートル
ラファエル・ヴィニオリ
ニューヨーク　2015年

エンパイアー・ステート・ビル
443メートル
シュリーブ・ラム・アンド・
ハーモン事務所
ニューヨーク　1931年

ペトロナス・ツイン・タワー
452メートル
シーザー・ペリ
クアラルンプール　1998年

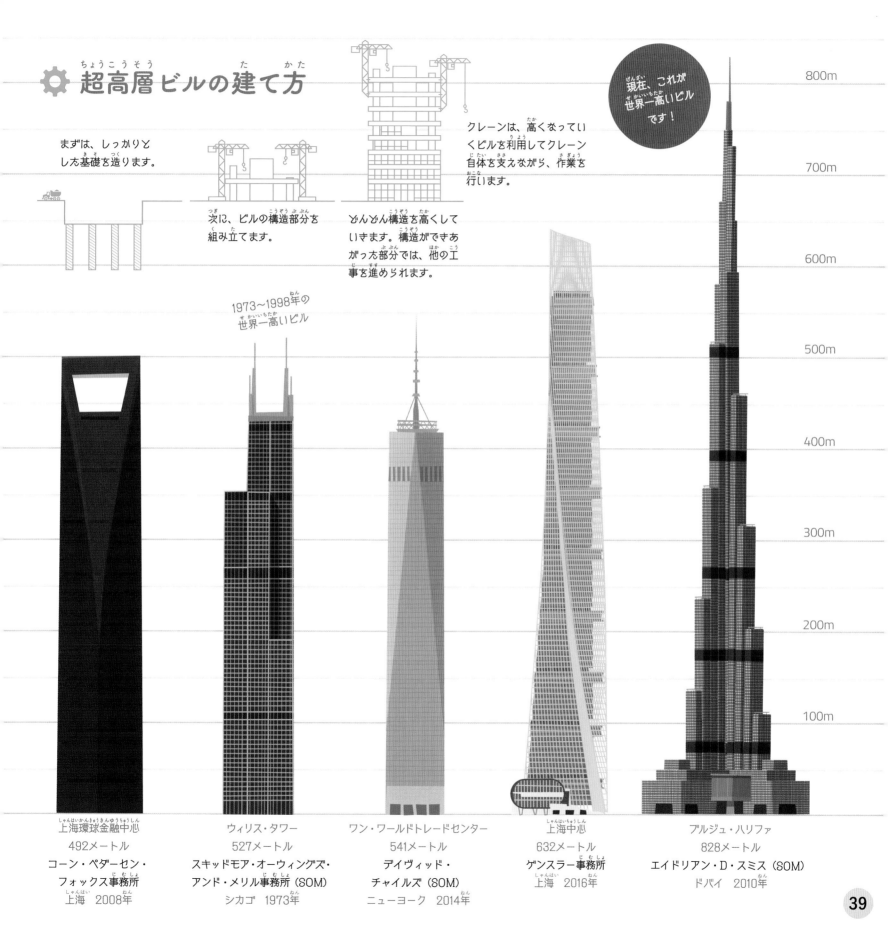

超高層ビルの建て方

まずは、しっかりとした基礎を造ります。

次に、ビルの構造部分を組み立てます。

どんどん構造を高くしていきます。構造ができあがった部分では、他の工事を進められます。

クレーンは、高くなっていくビルを利用してクレーン自体を支えながら、作業を行います。

現在、これが世界一高いビルです!

1973〜1998年の世界一高いビル

800m
700m
600m
500m
400m
300m
200m
100m

上海環球金融中心
492メートル
コーン・ペダーセン・フォックス事務所
上海 2008年

ウィリス・タワー
527メートル
スキッドモア・オーウィングズ・アンド・メリル事務所（SOM）
シカゴ 1973年

ワン・ワールドトレードセンター
541メートル
デイヴィッド・チャイルズ（SOM）
ニューヨーク 2014年

上海中心
632メートル
ゲンスラー事務所
上海 2016年

ブルジュ・ハリファ
828メートル
エイドリアン・D・スミス（SOM）
ドバイ 2010年

ザハ・ハディド

イラクで生まれたハディド（1950〜2016年）はレバノンのベイルートで数学を勉強したあと、ロンドンで建築を学んで本格的に建築活動を展開しました。2004年には、建築家に授与される**プリツカー賞**を女性で初めて受賞しました。

ハディドは、その斬新でエネルギッシュな、見る者を圧倒させるスタイルで、レム・コールハース、ノーマン・フォスター、フランク・ゲーリーなどに並ぶ一流建築家としての地位を獲得します。失敗を恐れない、大胆で型破りな設計が持ち味で、家具デザイン、彫刻、絵画や他の装飾品にも革新的な手法を数多く取り入れました。

アントワープ港湾局のポートハウス
ザハ・ハディド事務所
アントワープ（ベルギー）2016年

ヘイダル・アリエフ・センター バクー（アゼルバイジャン）

🕐 2007年	◐ ザハ・ハディド	🧱 コンクリート、ガラス、鋼鉄	🏛 文化施設

柱のない広い空間が特徴の建築物です。独特な曲線のデザインは、過去から現在、そして未来への流れが表現されています。

40

現代建築

2000年以降、現代建築はグローバル化の時代を迎えます。それぞれの地域の文化や経済には影響を受けるものの、世界で共通する特徴が見られるようになりました。

いつの時代も、小さな建築物と大きな建築プロジェクトでは随分違いがあるものでした。しかし現代建築の場合は、新しい建築材料と技術を使うという共通点があります。それによって、ヘイダル・アリエフ・センターの曲線や自然な形から、ブルジュ・ハリファのような壮大な超高層ビルまで、以前では考えられなかった建築物を建てられるようになりました。現代建築では、複雑な幾何学デザインを使うことで、建築物をまわりの風景に溶けこませ、建築物を使う人々の生活や習慣とのかかわりを意識することを目指しています。

女性の建築家

女性は昔から建築物のデザインに深くかかわってきましたが、それに見合う評価を受けられていませんでした。妻の働きは夫の手柄といった、当時の社会の風潮が大きな原因でしょう。しかし幸いなことに、この100年ほどのあいだに多くの女性が注目されるようになります。そんな女性建築家には、**リリー・ライヒ、ジェーン・ドリュー、アイノ・アアルト、レイ・イームズ、シャルロット・ペリアン、リナ・ボ・バルディ、デニス・スコット・ブラウン、アリソン・スミッソン**などが名を連ねます。最近では、**カルマ・ピジェム、カルメ・ピノス、アンナ・ヘリンガー、オディール・デック、ベネデッタ・タリアブーエ**も広く知られるようになりました。**妹島和世**は2010年、ザハ・ハディドに次いで、女性としてはふたり目のプリツカー賞の受賞者となりました。

ニュー・ミュージアム
妹島和世と西沢立衛
ニューヨーク（米国）
2002～2007年　美術館

建築物は、ひとつとして同じものはありません。使える材料、その土地の環境、気候、建築物の最終的な目的、全体の予算などによって、そのデザインは変わってきます。ミスや誤解を避けるためには、建築家や建築にかかわる人が専門用語を理解していることが非常に大切です。

どの建築物も主に、基礎、構造、建具、屋根や壁などの建築物外面、屋内、外装で構成されます。

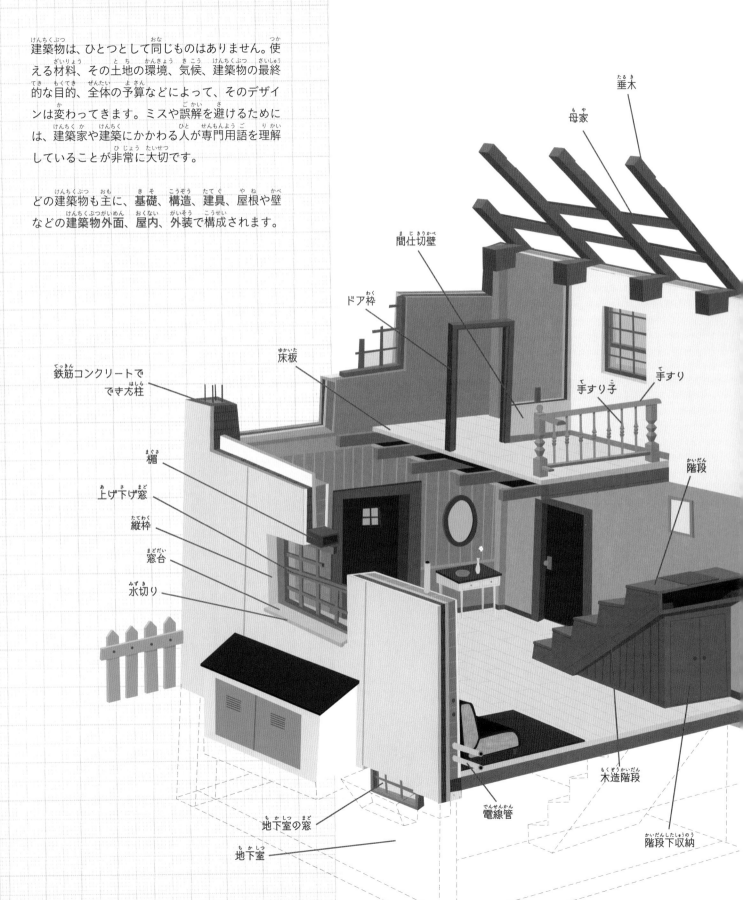

垂木

母家

間仕切壁

ドア枠

床板

手すり子

手すり

階段

鉄筋コンクリートでできた柱

楣

上げ下げ窓

縦枠

窓台

水切り

木造階段

電線管

地下室の窓

地下室

階段下収納

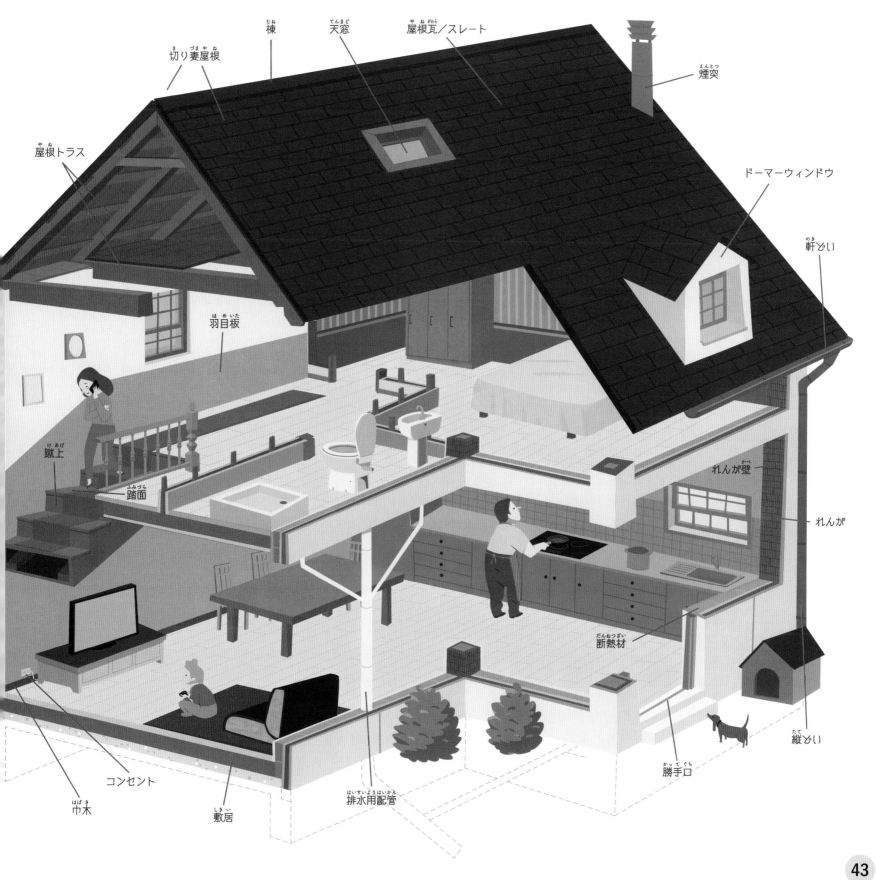

棟

天窓

屋根瓦／スレート

切り妻屋根

煙突

屋根トラス

ドーマーウィンドウ

軒どい

羽目板

れんが壁

れんが

蹴上

踏面

断熱材

コンセント

巾木

敷居

排水用配管

勝手口

縦どい

建築家の仕事とは？

「建築家は自分のアイデアだけを頼りに、独りで仕事をしている」、そんなイメージがあるかもしれません。実際は、設計事務所で、建築構造や他の分野（安全性、太陽光発電システム、縦どい、スイッチなど）の専門家たちと一緒に取り組んでいます。プロジェクトを包括的にとらえるためにも、いろいろな専門家に相談します。

建築物の建設

図面、模型、報告書によって、建築家の思い描くとおりにプロジェクトを進めます。

施主

プロジェクトはたいてい、施主（クライアント）が建築家に依頼することでスタートします。施主は、住宅の建築を依頼する個人の場合もあれば、ある地域全体の建築プロジェクトを依頼する行政機関の場合もあります。

施主は、建築材料や完成時期、費用などプロジェクトの最終的な形を知りたいと思うものです。建築家は細心の注意をはらって、施主と決めたことをやりとげます。

建築図面、模型、3Dモデル

頭の中にある考えを目に見える形で示すため、建築家は図面を描いたり、模型（実際の模型あるいはコンピューター上のモデル）を作ったりします。自分のアイデアがどのように機能するのか、相手にイメージしてもらえることが大切になります。

建築家

施主

2Dソフトウェア

3Dソフトウェア

建築家に求められる力

コミュニケーション能力
建築家には、自分のアイデアを、言葉でも、絵や図でも伝えられる能力が必要です。自分の目指すゴールを、施主やプロジェクト・メンバーにはっきりと示せることが大切です。

知識力
建築家は、建築構造、建設工事の過程、図面の書き方、物理学、歴史、都市計画など、多くのことを知っていなければなりません。そういった知識があるからこそ、プロジェクトを成功させられるのです。

伝統を感じる力
建築家はだれでも、自分は何百年という建築の伝統の一部なのだということを意識していなければなりません。どれだけ新しいプロジェクトでも、同じ文化圏あるいは別の文化圏の建築家が手がけてきた作品に必ず関連があるはずです。だれもが、鎖のようにつながる知識の一部なのです。その知識が、建築や都市、人と自然とのかかわりをより良くしてくれます。

プロジェクト・ファイル

建築関連書籍

模型

あなたも建築家になりたいですか？

インテリア・デザイナー

建築図面

チームの連携
建築プロジェクトは、とても複雑です。すべてをうまく進めるためには、幅広い分野の専門家と力を合わせる必要があります。

たとえば、あるチームがまずアイデアを提案し、簡単なスケッチを作成します。そのアイデアを別のチームが発展させて設計図面にし、また別のチームが構造計算をして建築材料を選び、そのまた別のチームが工事仕様書を準備します。そのあと、技術者たちが実際の建設工事を進めることになります。プロジェクトの中心となる建築家は、プロジェクトの全体像を常に頭に置きながら、全過程を監督します。

材料サンプル

未来の建築

未来の建築物は、どのように変わっているでしょうか。その建築物で、わたしたちはどのように暮らしているでしょうか。都市や町は、どのように変わっているでしょう。それはだれにもわかりませんが、建築家、都市計画家、科学者たちは口をそろえて、未来の社会を作るうえで重要なのは自然に敬意をはらうことだと言います。

持続可能な建築

わたしたちは、人と地球がバランスよく暮らせる社会を目指さなければなりません。しかし今の建築方法では、未来の資源に悪影響をおよぼす可能性があります。それを防ぐには、自然な材料を使う、環境への影響を最小限に抑えるなど、できるだけ環境に負担をかけない建築物づくりを目指す「持続可能な建築」への取り組みが欠かせません。

都市と周辺の町の関係づくり

人々が大都市に移住するのを食いとめるには、都市と周辺の町が互いを結ぶ交通機関を充実させ、連携を図ることが大切です。

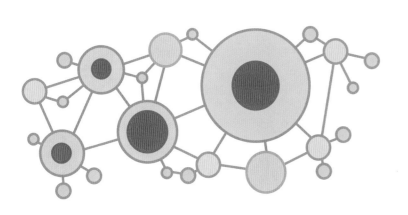

未来都市が登場するSF小説には、人口の過密と環境汚染が深刻な、暗い都市を描くものもあれば、人や動物がゆったりと健康かつ幸せに暮らせる、高度な科学技術が発達した都市を描くものもあります。

未来の暮らしは、わたしたちのまちづくりや都市計画にかかっています。建築物と人は互いに影響し合う関係にあります。すべてがひとつの巨大な生き物のようなものなのです。だからこそ建築家は、政治家、都市計画家、社会学者、技術者、そして市民と手を取り合って、人にも自然にも配慮した環境を作らなければなりません。

風力発電機

交通ターミナル

農場

クリーン・エネルギー

環境汚染のない社会を目指すには、再生可能なエネルギー、便利な交通システム（自家用車の使用を減らすため）、環境にやさしい工業生産が必要です。

町

ユートピア都市

1960年代、建築家、都市計画家、芸術家たちは、未来の住宅について考えるようになります。それ以降、コンクリート造の都市建築、自然な材料だけを使った有機的建築など、大勢の人やグループが自分たちのアイデアを形にしてきました。

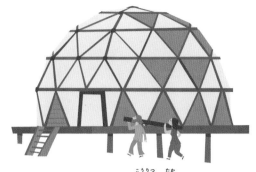

エネルギー効率の高い
ジオデシック・ドーム

情報技術（IT）と新しい建築材料の開発によって、今日のものとはまったく違う建築物を造れるようになるでしょう。3Dプリントで造られた建築物といった、新しい建設技術も現れるはずです。

持続可能な建築物

新しい建築物の建設にあたっては、すでに何らかの建築物があった場所を選んだほうが、環境へのダメージが減らせます。持続可能な建築物と社会を作るには、上へ上へと建築物を建てていくのが一番いいと考える建築家もいます。

緑のまちづくり

都市における自然への影響を減らすには、農村と都市を融合させるという方法があります。ビルを立体の緑園にし、あちらこちらの公園やビルで野菜を育てるなどして、緑の都市を造る方法です。

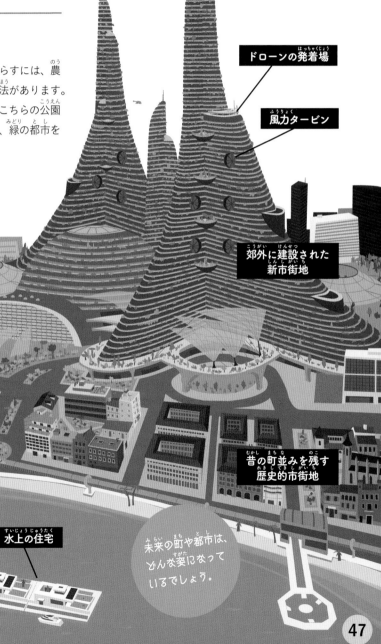

ドローンの発着場

風力タービン

郊外に建設された
新市街地

昔の町並みを残す
歴史的市街地

未来の町や都市は、どんな姿になっているでしょう。

水上ソーラーパネル

養魚場

水上の住宅

47

火星での暮らし

いつか、人間が火星など他の惑星で生活する日がやってくるかも
しれません。そのような厳しい環境で移住者たちが安全に暮らす
には、建築家、科学者、技術者たちの力が頼りです。

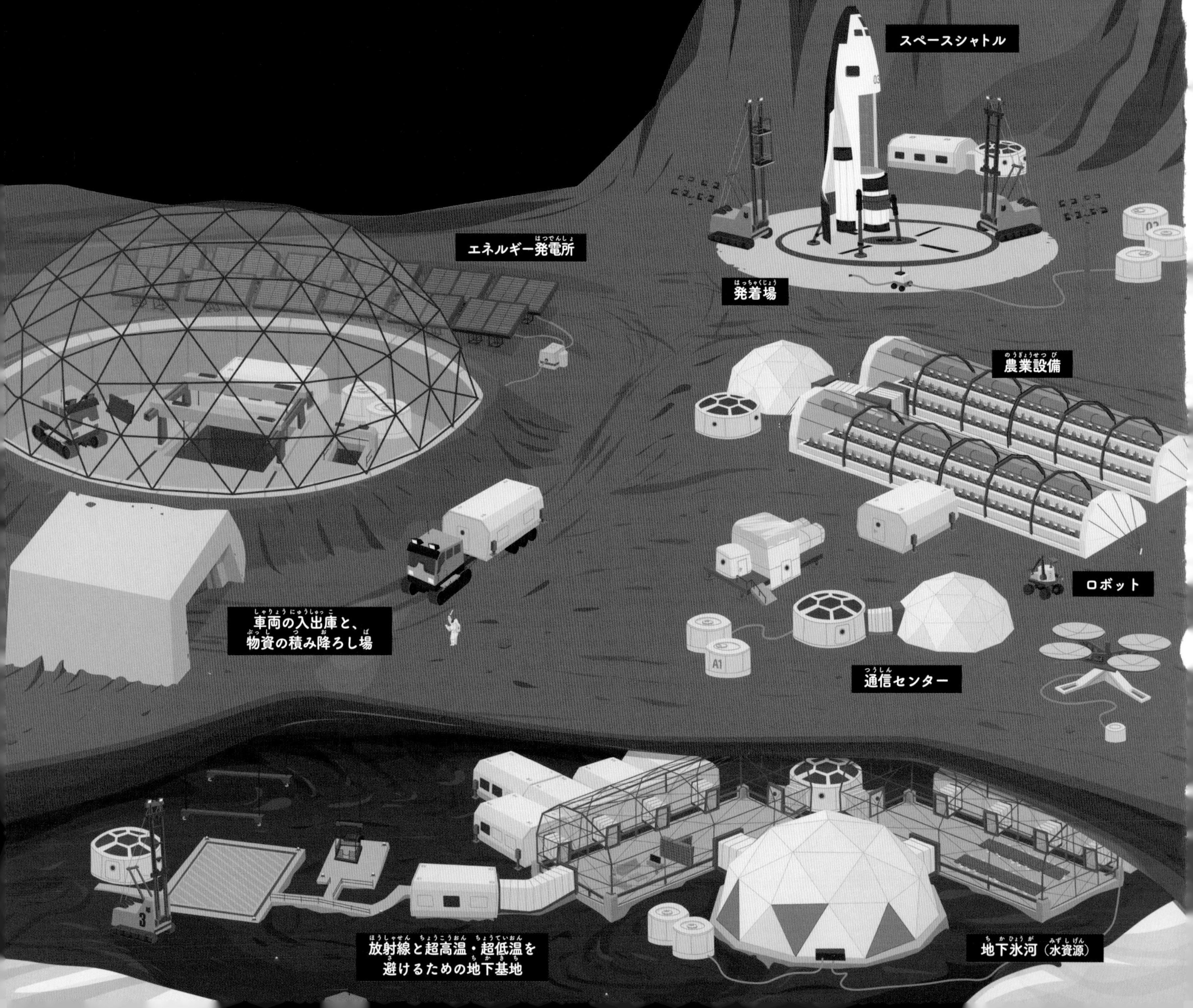

スペースシャトル

エネルギー発電所

発着場

農業設備

ロボット

車両の入出庫と、
物資の積み降ろし場

通信センター

放射線と超高温・超低温を
避けるための地下基地

地下氷河（水資源）

THE SOLOMON R GUGGENHEIM MUSEUM